TRADUZIONI

Antologia delle poesie di Jessica d'Este

TRADUZIONI

Antologia delle poesie di Jessica d'Este

Tradotte in italiane da Riccardo Duranti

IMPRESS: LONDON. OXFORD. NETHER WESTCOTE

PUBBLICAZIONI IN INGLESE :

POEMS
Impress, 48pp, June, 1986.
A signed limited edition of 250
Includes *In the Shadow of The Cathedral;*
Bailiffs Don't Take Beds;
and *No Man My Master.*

WINE, WOMAN AND SONG,
Impress, 128pp, February, 1998.

THE MUSIC OF MEANING
Impress, 148pp, November, 2007.

Poems © Jessica d'Este

Published in 2011 by Impress

Translated by Riccardo Duranti

Impress, Editorial Department [156], 95 Wilton Road, London, SW1V 1BZ

Designed and typeset by Phil Cleaver, et al design consultants
Printed by Smith Settle West Yorkshire

ISBN 978 0 95111 98 8 4

Ai miei figli e ai figli dei figli

Jessica d'Este's poetry confirms once again what a precious resource we have in the great variety of voices that exist among poets. As happens in the biological diversity found in nature, the survival of poetry is ensured by the original contribution of each poet rather than by his or her adherence to any particular, dominating model. Just like so many shards scattered from a broken mirror, different poets reflect different aspects of human reality that have lost the original unity it had in Eden. Each poet offers us his or her unique version of life, conditioned by experience, sensitivity, language, culture and specific tradition. It is the sensitive reader's task to reconstruct an image of the world that is as unified as possible, with the awareness that the ultimate goal will always remain elusive. ¶ The inspiration behind Jessica d'Este's poetry ranges from the intimacy of 'The Love Songs Cycle' to family elegy, from pressing public issues to the recognition of a rich and personal internal and external landscape, touching also on musings about her work as an artist. ¶ And if Jessica sometimes seems to strike a vatic pose in her dialogue with the material before her, this too gets inscribed in the refined flow of words that emerges from her enthusiastic approach to the world. Her engagement is both ethical and aesthetical, and can modulate into lyrical song as easily as into sharp-edged syncopated syntax, though always retaining the same elegance measured against the music that lies deep inside her. ¶ It's not easy to follow and recreate these rhythms in another language even though the attempt is often successful thanks to the bias, the spin the poet gives her words as a result of her passionate rapport with the world. All we have to do is grasp that initial spark of energy, feed it and let it enlighten us until it leads us to recreate the effect in a new target language. Above all, poetry translation requires a great attention to the precious, essential stimulus of the original if it is to transpose convincingly in its new context.

Riccardo Duranti

NOTA DEL TRADUTTORE

La poesia di Jessica d'Este è l'ennesima riprova della preziosa risorsa rappresentata dalla diversità biologica in natura, la sopravvivenza stessa della poesia è assicurata più dal contributo originale di ciascun poeta che dall'omologazione a un modello unico e dominante. Come in uno specchio frantumato, poeti diversi riflettono diversi aspetti della realtà umana che ha perduto la sua edenica unità originaria. Ogni poeta ci offre così la sua versione delle vicende umane, condizionata da esperienze, sensibilità, lingue, culture e tradizioni le più varie. Sta alla sensibilità del lettore ricostruire dalla molteplicità dei riflessi un'immagine quanto più unitaria del mondo, pur nella consapevolezza che questa meta rimarrà per sempre utopica. ¶ L'ispirazione della poesia di Jessica spazia dall'intimità del 'Ciclo dei cantici d'amore' all'elegia famigliare, dai grandi temi pubblici alla ricognizione di una personale e variata geografia interiore ed esteriore, passando per la meditazione sul proprio lavoro d'artista. ¶ E se talvolta, nel dialogo con il proprio materiale, Jessica sembra assumere delle pose vaticinanti, anche queste si iscrivono nel raffinato flusso che scaturisce dal suo impegno entusiastico con il mondo. Un impegno etico ed estetico insieme, che si può sciogliere in canto lirico come in sincopata spigolosità sintattica, sempre con la medesima eleganza misurata su una musica interiore e profonda. ¶ Non è facile inseguire e riprodurre questi ritmi in un'altra lingua, eppure il tentativo spesso riesce grazie al senso, allo spin impresso all'origine nel materiale poetico dall'appassionato rapporto con il mondo del poeta. Basta coglierla, quella scintilla d'energia, nutrirla, lasciarsene illuminare e sforzarsi di riprodurla nel nuovo ambiente linguistico d'accoglienza con tutta la cura necessaria alla traduzione di uno stimolo prezioso ed essenziale in un diverso contesto.

Riccardo Duranti

INDICE

BIOGRAFIA

*Jessica d'Este (nata Amelia Linda Marinelli) discende
da una famiglia di fonditori veneziani che risale al X
secolo e che ancora produce campane per clienti di tutto
il mondo nella Fonderia Pontificia Marinelli di Agnone,
una cittadina di montagna a sud-est di Roma, chiamata
'L'Atene italiana del Sannio'.*

*Jessica è nata a New York da Leonida Marinelli
(un pioniere della biofisica, uno dei partecipanti al
progetto Manhattan, sotto i cui auspici ha avuto luogo
la prima reazione atomica a catena del mondo) e da
sua moglie Elena (discendente da musicisti e pittori di
origine napoletana e siciliana). Naturalmente e appena
possibile, Jessica è ritornata in Europa e si è insediata
a Londra all'inizio degli anni '70.*

*I sei figli nati dal suo matrimonio con John Landor
(discendente di Walter Savage Landor) sono impegnati
a produrre teatro, musica, film, design e figlioli.*

*Jessica d'Este ha letto, scritto e recitato poesia sin da
giovane. Dal 1994, il successo delle poesie lette in varie
sedi londinesi ha incoraggiato le sue performances.
Quantunque scritte per la pagina, le sue poesie, affinate
dal gusto del suono, raggiungono sempre più un pubblico
mondiale che sembra gradirle molto.*

[11]

Le parole possono ferire.
Lotta!

Le parole sanano le ferite.
Lotta per le parole!

*Jessica d'Este è membro della Royal Society of Literature
e del Pen Club inglese.*

INTRODUZIONE

*Per esprimere i sentimenti in modo significativo, chiarire
e trasmettere la qualità della propria consapevolezza,
che si riconosce allo stesso tempo individuale e universale,
è necessario condurre una ricerca meditativa nelle risorse
e nelle riserve profonde del linguaggio.*

*Guidate verso la coerenza da stimoli di assonanza, ritmo
e addirittura da rime, le parole migliori messe in rilievo
dall'ordine giusto finiscono così per associarsi, spostarsi,
essere sostituite o eliminate al fine di svelare 'una
conoscenza' che non era nota prima della loro scoperta.*

*A volte in questa coreografia di espressioni sonore ci si
imbatte nella fortunata sorpresa di una poesia necessaria.*

VINO, DONNA E CANTO

PEOPLE FEED DUCKS

People feed ducks
the way they live: some
random about it, others give
full attention to the careful
distribution of bread
as if it were seed. Birds
also individual, appear to divide. Gulls
dive, unfurled, and meddle
in all transactions involving food
while Cormorants are dignified in threes
like Appeal Court Justices
drawn to water
in order
as if to consider
its temperature.
                        Whatever else
I discover injury eased
between man and nature
in the park in February
as young bloods
upending new tail feathers and colour
revive mixed flocks
with themselves, – their fresh hunger, eager
to snatch
the proffered
sun.

La gente nutre le anatre
secondo come vive : c'è chi
lo fa a casaccio e chi presta
mille cure a un'attenta
distribuzione delle briciole
quasi fossero semi. Anche gli uccelli
sembrano distinguersi. I gabbiani
si tuffano spiegati
e s'immischiano
in tutte le transazioni mangerecce
mentre i cormorani a tre a tre,
dignitosi come giudici di corte d'appello,
s'accostano all'acqua
in ordine
come per controllarne
la temperatura.
                    Ad ogni modo
trovo che la ferita che
separa l'uomo dalla natura
si rimargina un poco
a febbraio, nel parco,
quando i giovani rampolli,
sbandierando piume e colori nuovi,
ravvivano i branchi misti
con il loro rinnovato appetito, impazienti
d'afferrare
il profferto
sole.

TELEPHONE

When it does not ring
When tightening my grip
On its interred harmonic
Does not bring
The tone, the word
The desired thing
Which is your greeting
Night and morning –
Neighbouring objects
Drawn in, turning quiet
Into hulls of singing
Else than vibrant
Cling to silence
Because how far
Your voice enlivens
This house we share
Load-bearing syllables
Pronounced between us
Dear, confirmed proportions – sills
Windows, stairs –
Dead-weight intervals like this
Make clear: the whole taking of the mind
With waiting, waiting
To hear.

IL TELEFONO

Quando non squilla
quando neppur stringendo
le sue armonie sepolte
riesco a provocare
il segnale, la parola,
quello che desidero,
il tuo saluto
notte e giorno,
gli oggetti tutt'attorno
si ritirano
s'acquietano
in gusci di canto
tutt'altro che vibrante,
s'aggrappano al silenzio
perché tanto
la tua voce vivifica
la casa in cui viviamo –
sillabe cariche
scambiate tra di noi, conferme
delle care proporzioni – soglie,
finestre, scale –
intervalli morti come questo
mettono in evidenza
la mente tutta presa
nell'attesa, nell'attesa di sentire
uno squillo.

CHANDELIER
for Simon Costin

From a Kochebird-feather rose
wisened plait-end twines of ivy
phase light into the room

and ivy's matrix blooms
given its own meticulous leaf
eyed metallic
by four poet spirits underneath:
Sacred, Epic, Love and Lyric.

Thus: pierce, chase, rivet –
precision jewelled – set crystal
ball, base, rusted metal
blessings over us
at table.

LAMPADARIO
per Simon Costin

Da una rosa di piume di Kocherbird
un'appassita ghirlanda di rami d'edera
misura pulsando la luce nella stanza

e la matrice dell'edera sboccia
fin nella sua meticolosa foglia
osservata, in metallo,
dai quattro spiriti della Poesia lì sotto:
la Sacra, l'Epica, l'Amorosa e la Lirica.

E allora, fora, cesella, salda, tutto
con gemmata precisione, incastona i cristalli,
la sfera, la base di metallo arrugginito
e le benedizioni che scendono su di noi
mentre siamo a tavola.

EPITHALAMION
friendship is love without his wings

Never had she imagined
Nor he attained:
Flight into sunlight
Such fearsome endurance
Upon an assumption of wings

As herein and henceforth
Its happiness brings
Her transformation before us
His comparable assurance of wholeness
Their vow, utterable, now they belong

Paired like an emblem
Impaled to endure: lifelong
Privilege, duty
Recitation of dreams.

EPITALAMIO
(l'amicizia è amore senza le ali)

Mai lei aveva immaginato
né lui tentato
un volo verso il sole,
prova di resistenza formidabile
su ali appena assunte

mentre d'ora in poi
la felicità del volo ci presenta
la metamorfosi di lei
e l'analoga sicurezza d'integrità di lui,
il loro voto, dicibile, ora che s'appartengono

appaiati come un emblema
bipartito per resistere:
un dovere, un privilegio
e un raccontarsi sogni
che durano una vita.

SYLLOGISM
for James Baldwin

Language can wrong.
Fight!
Language can right wrong.
Fight for language!
Language is strong
– er than the long arm that frightened your Father;
Language is might.
Fight!

SILLOGISMO
per James Baldwin

Le parole possono ferire.
Lotta!
Le parole sanano le ferite.
Lotta per le parole!
Le parole sono più forti della
lunga mano che spaventava tuo padre.
Le parole sono potere.
Lotta!

NOW THAT HE IS DEAD
... in his going
simply as he came,
unknowing.

Now that he is dead
no longer splendid
between my legs
nor ever again as ardently spent
so honoured – as when
his serpent emblemed
my outstretched thighs, certain
that I loved him
               I am
bitten by his loss; terrible
in half; waste flesh astride him
my perfect past, suddenly
marbled, left
his death, death's
upheaval – and with all love's been, withheld
still plentiful, crazed within, vein deep
geological –

I weep for him at home with friends.

ORA CHE È MORTO
… nel suo andarsene
con la stessa semplicità in cui era venuto,
ignaro.

Ora che è morto
e non è più splendido
tra le mie gambe
né altrettanto dal fuoco consumato
e onorato, come quando
il suo serpente imblasonava
le mie cosce tese,
certo com'era che io l'amavo,
                mi sento
punta dalla sua perdita : terribilmente
dimezzata; carne desolata sopra di lui
il mio perfetto passato, di colpo,
s'è fatto marmo, lasciando
la sua morte nello sconvolgimento
della morte – e tutto quel che è amore è stato
trattenuto all'interno, ancora abbondante.
Attraversato fitto da profonde
geologiche venature –

Io piango in casa con gli amici.

ELEGY
for Elizabeth Lyons

Side by side
Close as friends
We attend Elizabeth
And feel her presence
Spared a grievance
She's not been spared
Since before the illness

Except when painting
When more of her surfaced
More of her survived impatience
Turbulence, strife
The toll-taking, soul-searching
Acts of creation
That alight darkness
Change life.

If a right to redemption exists
She's saint who did it
With paint – vital and vivid!
Never easy, never less
Than uncompromised – yet she rests
Her face without bitterness
Looking ancient and wise
Composed like a painting :

Serenity in it
Accord we can see – mind and spirit
She's forgiven life its limit!

ELEGIA
Per Elisabeth Lyons

Fianco a fianco
stretti nell'amicizia
seguiamo Elisabeth
e ne sentiamo la presenza
senza dover soffrire
quel che a lei non è stato risparmiato
sin dalla prima malattia

tranne quando dipingeva
quando affiorava di più
di più sopravviveva l'impazienza
la turbolenza, la lotta
gli atti creativi
che esigono un prezzo, scavano nell'anima
escono dalle tenebre
cambiano la vita.

Se esiste il diritto alla redenzione
lei è una santa che l'ha meritato
con i colori vividi e vitali;
mai troppo facili, mai meno
che senza compromessi – ma riposa
col volto senza amarezza
dall'aspetto antico e saggio
composto come un quadro:

possiede la serenità;
una concordia visibile tra lo spirito e la mente
ha perdonato alla vita il suo limite!

If only to leave it behind
Understood last minute
Finally carefree
Good for eternity.

Se non altro per lasciarselo alle spalle
compreso all'ultimo minuto
finalmente senza affanni
buono per l'eternità.

Hence beautiful, but why?
Because arched and undulant, feline
against the sky, it gives
the same satisfaction of design
the figure of woman
gives
                    and how?
ever being painted in –
that arabesque in full recline, corporeal
upon the horizon, manifest
of one's own recumbent thrust
of hip and breast –
which embodied monument
creating landscape thus – fecund, chaste
consonant to the original descent
of glacial time rests
in the mind : sensational
great in silhouette, her ample
complement, consummate
in hills.

Dunque, bellissima, ma perché?
Perché inarcata a once, felina
contro il cielo, dà
lo stesso piacere di compiuto disegno
che dà
forma di donna:
             e come?
Continuamente ridipinta,
quell'arabesco aperto, corposo
sull'orizzonte, rivela
la stessa spinta distesa
che hanno le nostre anche, i nostri seni –
quest'incarnato monumento
crea il paesaggio e così – fecondo, casto,
in armonia con la discesa originaria
dell'epoca glaciale – resta
nella mente: sensazionale,
maestosa nell'ampio profilo compendiato
nei colli che le fanno da corona.

[33]

HIS DREAM

In his dream of love
He dreams of
Singing to her
Above top C, beyond
A sea of faces looking on
Charmed as she is charmed
By clarity
And escalades of tone
That carry the tune and tempo
Of a Renoir afternoon
Into tremulous song;

Mid rise of talent
For her alone:
Sound and power beyond him – *known*
Like a sweet trumpet at Resurrection draws
Or claps of thunder
Or applause.

IL SUO SOGNO

Nel suo sogno d'amore
sogna di
cantare per lei
oltre il Do acuto, aldilà
di un mare di volti intenti
affascinati quanto lei
dalla limpidezza
e dalle scalate di tono
che traducono il motivo e il ritmo
di un pomeriggio di Renoir
in un canto tremulo;

un talento che cresce
solo per lei:
un suono e una potenza oltre le sue forze – *note*
come una soave tromba chiamano alla Resurrezione
o rombi di tuono
o applausi.

RELIC

From a pride of Holy Women
On my father's side
One is missing
Someone close has died

So close her ghost inters unnoticed
And we, unnoticed, undergo
To depths of sorrow
That swallow breath –
Incursions of intaglio

To bone to brain to gutted breast
A hallowed spirit hollows home –
Protected after life from death –
Its own eternal happiness:
Internal, kindred tenderness.

RELIQUIA

Dal fior fiore di Sante Donne
della famiglia di mio padre
ne manca una
ne è morta una molto vicina

Tanto vicina che lo spirito s'interra in silenzio
e noi, in silenzio, ci sottoponiamo
a profondità di dolore
che inghiottono il respiro
incursioni d'intaglio

fino all'osso, al cervello, al petto eviscerato
uno spirito santo svuota la casa
protetta dalla morte dopo la vita
la sua felicità eterna:
una tenerezza interiore e affine.

Often sheltering in Mother's room
I face him, grown faint
In a late photograph: a fathering saint
Of science and its victim. Love
Is better painted
That summons a daughter
To its wisdom
As I was led.
My earliest memory is reason;
Calculations in my head, recited
To boyhood satisfaction 'til thirteen
When seized by female blood
I bled,
          altered
From the fun of games with neutral sums
To need protection. I blame
Heroes of the cranium
Slow with solutions
We throw ourselves to and come
Powered like a lesson
In the conversion of a number
Taught by him then, – a symbol
Among the other
Women.

Mi rifugio spesso nella camera della mamma
e me lo trovo davanti, un po' sbiadito,
in una foto degli ultimi tempi: un padre
della scienza reso da lei santo e martire.
Meglio sarebbe ritratto l'amore
nell'atto di invitare una figlia
alla sua saggezza
come lui faceva con me.
Il mio primo ricordo è la ragione:
calcoli a mente recitati
soddisfatta come un maschio
fino ai tredici anni
quando, sopraffatta dal sangue di donna
sanguinai,
      passando
dal gioco delle somme neutre
al bisogno di protezione. Per me la colpa
è degli eroi del cranio
lenti a trovare le soluzioni
a cui noi arriviamo di slancio per l'energia
che ci eleva a potenza
come m'insegnò lui un tempo
a convertire una cifra – simbolo
tra le altre
donne.

IN PLACE

As we touch down
wing-tips like fingers
point it out: life
on earth is important
and for less careful employment
Britain's worth
two centuries' – worse industrial air
than France.

Not history nor art
or legend but in direct descent
imagination distils the present
from the past. In Cognac
no one asks
should grapes ripen? The region's growth
has time and nature miners don't
and Worcester farmers
whose orchards I saw themselves
cut down. Nothing more of trees
made sure. And nothing
if they leave.

They should see Agnone
and hear bells
ten centuries old
and not always profitable
ringing in hills still tranquil
except for the sound my people make
and a whole town in original condition
without the industrial revolution.

IN LOCO

Al momento d'atterrare
le punte delle ali come dita
indicano che la vita
sulla terra è importante
e a causa d'un uso meno attento
l'aria inquinata dell'Inghilterra
è avanti di due secoli a
quella della Francia.

Non con la storia dell'arte
o con la leggenda, ma in linea diretta
la fantasia distilla il presente
dal passato. Nel Cognac
nessuno si chiede
se l'uva maturerà. Lo sviluppo della regione
ha tempo e natura che mancano ai minatori
e ai contadini del Worcester che ho visto
distruggere i frutteti con le proprie mani.
Nulla più degli alberi
li rassicura. E nulla
se se ne vanno.

Dovrebbero vedere
Agnone e sentire campane
che hanno dieci secoli
e non sempre danno guadagno
risuonare sui colli ancora tranquilli
non fosse per il suono che la mia gente produce
in una città che è rimasta
com'era prima della rivoluzione industriale.

Mammon is brutal! whether given
or taken away – a bitter solution. No one
should work underground anyway.

Mammone è un dio brutale: sia che conceda favori
o li sottragga, la soluzione è sempre amara.
Nessuno, comunque, dovrebbe lavorare sottoterra.

17.XI.96

Belgrade
Alight
Silent
Defiant
Sick of Tyrants

By nightfall
Every night
Its disquiet streets
A riot
Of flickering candlelight

Tenuous
As each of us
Holding tight
To the life
Of the soul.

If only the whole world's cameras
Could come
Worth it to shoot
A revolution
Without guns

Imagine what best we'd become –
Changed without rancour –
Say: Sri Lanka, Tibet, Rwanda
Think of Baghdad
And wonder.

[44]

17.XI.96

Belgrado
illuminata
muta
spavalda
stufa di Tiranni

al calar della sera
tutte le sere
nelle sue strade inquiete
una sollevazione
di candele vacillanti

tenui
come noi
saldamente attaccati
alla vita
dell'anima.

Se solo le telecamere di tutto il mondo
potessero venire
val ben la pena riprendere
una rivoluzione
senza fucili

quanto diventeremmo migliori
se cambiassimo senza rancori –
per esempio : in Sri Lanka, Tibet, Ruanda
pensate a Bagdad
e chiedetevi come mai.

[45]

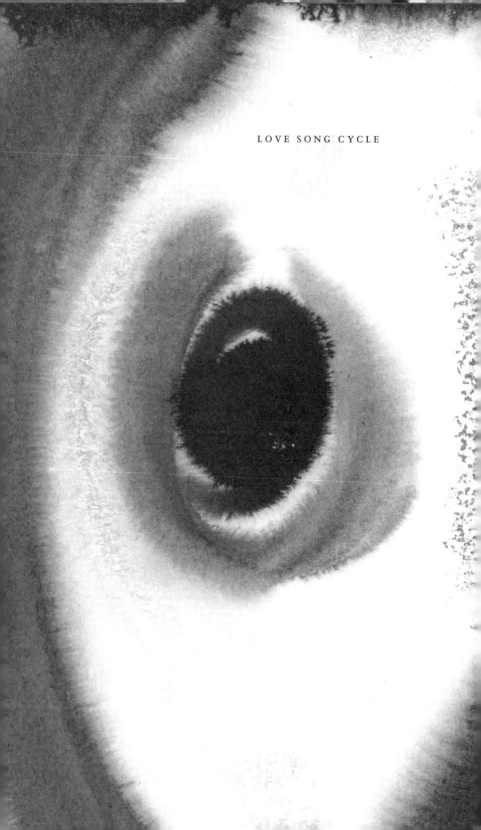

LOVE SONG CYCLE

WOMAN'S CHILD

Between smiles with the lips
that cordon off flesh
before being made open, continuous – I grasped
a warm purpose

and supple enough
to raise its head
without further consolation, brought arms, warm
ready for legs.

Embraces, once
snared the conjunction
to husband
thought of it again

but you, my love
like a sunny child
lavished in my chamber
bring them.

FIGLIO DI DONNA

Tra un sorriso e l'altro di labbra
che proteggono la carne
prima di essere distese, aperte, ho colto
un caldo proposito

ed elastica quanto basta
per fargli alzare la testa,
senz'altro conforto, ne ho afferrato le calde braccia,
pronta già a riceverne le gambe.

Abbracci, un tempo,
hanno fatto scattare la congiuntura
di sposarne
ancora una volta il pensiero

ma ora tu, amor mio,
come un figlio solare
che si diffonde nella mia stanza
li rinnovi.

[49]

SONG

As
in my mouth
your tongue
full of intention, speaking
not of itself

or
wax, warmed at the wick

melts

we come
of simple occasions

soft spoken
without conventions
ears, pricked
to listen;

and
stir in flesh
as flesh stirred
thickens

or
springs to touch —

a perfect pelt!

[50]

CANTICO

Come
nella mia bocca
la tua lingua
carica d'intenti non parla
di se stessa

o
la cera, riscaldata dallo stoppino,

fonde

noi veniamo
da semplici occasioni

sottovoce
senza complimenti
le orecchie ritte
all'ascolto;

e
ci eccitiamo nella carne
mentre la carne eccitata
s'addensa

o
scatta al tocco

d'una pelle perfetta:

[51]

my skin, unsplit
of your breath's fur –

you are myself! done
with difference
or other meaning, being

as if to the wall
from all the world, weeping

drummed
home.

la mia, intatta
dalla pelliccia del tuo soffio –

tu sei me stessa, senza
  più differenza
o altro senso, come

messo al muro
dal resto del mondo, il pianto

riportato a casa
a tambur battente.

SCHEHERAZADE

As if
to the mountain
come:

      if you can
ambitious for this
gird for justice
kiss me:

I've slept nested with harvests
in steppes under sun
just ripening, – darling

foolish for proof
and with it, contentious

trust my route, trespass.

In Scheherazade's mouth, her heart
beat

prolific with fiction
as truth   is

nimble in space.

SHEHEREZADE

Come per
andare in montagna
vieni:

se puoi,
per questa ambizione,
cingerti di giustizia,
baciami:

ho dormito annidata nei covoni
appena maturi
in steppe assolate – caro

ansioso di sciocche prove
ma insieme recalcitrante

fidati della mia rotta, trasgredisci.

Nella bocca di Sheherezade batte
il suo cuore

prodigo di storie
come vispa   nello spazio

è la verità.

AFTER EDEN

This
compensates us
for death: from Adam

Eve gets tenderness, lodged
with his flesh
as her cradling thigh, redressed
since Eden, blooms yet

in disguise. Now we've met, why not
flourish? even as flesh colours, suffusing
with blood when we bruise, as it was
after falling; I've loved

since to jettison dying
you clutched me; unhid; surprised when
I did

I do not please to be wise, just good –
poised in this creation of pairs by design
to be better misused, even misunderstood
than denied.

DOPO L'EDEN

Questo
ci riscatta
dalla morte: da Adamo

Eva ottiene tenerezza, piantata
con la sua carne
nella coscia di lei che, rivestita
dopo l'Eden, rifiorisce tuttavia

nel travestimento. Ora che ci siamo incontrati,
perché non rifiorire? Proprio come fa la carne
che s'arrossa di sangue dopo ogni colpo, come
dopo la caduta; ho amato

da quando per rigettar la morte
ti sei aggrappato a me; senza nasconderti; sorpreso
quando mi son nascosta io

Esser saggia non mi dà piacere, ma esser buona sì –
messi a proposito in questo creato a coppia,
per esser meglio bistrattati, meglio fraintesi
che ripudiati.

BARBADOS

I
As dawn
comes up white
from last night's sunset horizon
light, exciting the ocean
surprising the sand
with sea-water-blue motion
wakes plant life
and birds.

II
Mid sounds
of Barbados
one's gift
to another:
the sea as he hears it
lapping the sand:
the slap of a calf
at its mother

III
As we pass
we see that a fallen tree
uprooted entirely
divining the sand
with parts of itself
has come upon
a new source
of life

[58]

BARBADOS

I
Mentre l'alba
sorge pallida
dall'orizzonte del tramonto di ieri sera
la luce, dopo aver eccitato l'oceano
e sorpreso la sabbia
col moto dell'acquamarina azzurra
risveglia la vita delle piante
e degli uccelli.

II
In mezzo ai suoni
delle Barbados
il dono di uno
all'altra:
il mare come lui lo sente
lambire la sabbia:
il cozzo di un vitello
contro la madre

III
Quando passiamo
vediamo un albero caduto
interamente sradicato
nel divinare la sabbia
con parti di se stesso
si è imbattuto
in una nuova fonte
di vita

[59]

IV
I've only ever heard
such soft staccatoes here
as conflate both the near and far:
the ocean's clear
capacious undersong
of words sung split
a metal lyric, environmental
as birds.

IV
Qui ho sentito sempre
solo soavi note staccate
che fondono lontano e vicino:
il vasto e nitido
accompagnamento dell'oceano
di parole spaccate nel canto
una lirica metallica, ambientale
come gli uccelli.

CREATION
for Floriane

Before the rose
the sun rose
the sea rose
and after sky
came ear and eye,
and nose and toe and I
all in one go.

CREAZIONE
a Floriane

Prima che si levasse la rosa
s'è levato il sole
s'è levato il mare
e dopo il cielo
siam venuti occhio e orecchio
e naso e piedi e anch'io
tutti come una sola cosa.

DAME FREYA STARK LOOKS AT EVEREST

Eyeing its top
crag to jot
one old girl
countering the world, donkey-back
from Dartmoor, stops
and looks up, wrinkling
at the sun-lit face
before her

which grimace cracks
blanched granite
launching snow, casting
by avalanche and sorrow
twin peaks into shadow: a couple
of mountains.

DONNA FREYA STARK CONTEMPLA L'EVEREST

Adocchia il dirupo
più alto per farne uno schizzo
un'anziana ragazza
controcorrente al mondo, a dorso d'asino
da Dartmoor, si ferma
e guarda su, arriccia il naso
alla parete assolata
davanti a lei

quella smorfia l'attraversa
di granito sbiancato
che scaglia neve, proietta
con valanghe e pena
l'ombra di cime gemelle : una paio
di montagne.

DOES IT MATTER?

What do you mean?
'Does it matter?'

Of course it does
I want love
Without conditions
Sight, sound, taste
Its nutrition –
                    the bloom
Its sun-kissed fruition brings –

And at night
On warm wings
Ascending its dove
Telling me things

All of the above.

[66]

È IMPORTANTE?

Come sarebbe a dire?
'È importante?'

Certo che lo è
Voglio un amore
senza condizioni
suoni, immagini e sapori
lo nutrono –
             il fiore
porta il proprio frutto baciato dal sole –

E a sera
con ali fervide e premurose
ascende la colomba
che mi sussurra

tutte queste cose.

DOLPHINS

Your truth is not my cage. If fine distinctions bar
these holy days, I pull creation through sideways
  that night
having gone so far it disappears, – day breaks
  outright.

Meanwhile, I write; the cost is clear, but what I do
  not doubt
rides out of here. If fear lets death take place
  inside
my ways take up with birth from where former
  virtue dies.

Of all that I embrace, the lengths I go, this may
  be first
to show an underside. I wonder if they'll throw or
  borrow light –
my dolphins – arch before moonrise, cruising at
  horizon height.

La tua verità non m'ingabbia. Se sottili distinzioni
sbarrano
questi sacri giorni, scosto di lato tutto il creato
in modo che la notte
arrivata a un certo punto scompare e subito
irrompe il giorno.

Intanto scrivo; il prezzo è chiaro, ma quello su cui
non nutro dubbi
si allontana da qui. Se i timori lasciano insediare la
morte nell'animo
le mie abitudini rinascono dal punto in cui la
precedente virtù è morta.

Di tutto ciò che abbraccio, di tutti i miei sforzi,
questa può
essere la prima volta
che finisco pancia a galla. Chissà se getteranno
oppure
rifletteranno luce –
i miei delfini – s'inarcheranno contro la luna,
solcando
il colmo dell'orizzonte.

KISS

The magic in it
Is imagined
It comes to this
No one kiss
Is fonder than another
Except it's dubbed
With wonder
An exotic twist
To consorted pleasure
In which
One sips
Being sipped one's measured –
Trembling
Lip to Lip

In close accord
deliberate with impertinence
A mutual silence
Being kept
Mute congruence
Presses flesh
To match to mesh
As profound as fresh
A fine concupiscence
As ever finds
Another present! one
To one
As pictured, personed
In the mind.

BACIO

La magia che ha
è immaginaria
si riduce a questo
nessun bacio
è più affettuoso d'un altro
solo che è doppiato
dalla meraviglia
un esotico scarto
verso un piacere concertato
in cui
si sorseggia
e si è sorseggiati per misurarsi —
tremanti
labbro su labbro

in stretta armonia
deliberata con impertinenza
mantenendo
un mutuo silenzio
una muta congruenza
preme la carne
per fondere e far combaciare
in modo profondo e fresco
una bella concupiscenza
che trova sempre
l'altro presente! uno
e uno
come raffigurato e impersonato
nella mente.

MEMORY

Because imagery
is its flesh
gondolas we saw
light-flecked and dipped in ink
rise, reflect and sink again –
their prospect so heightened
as to presence touch –
wherein you turn, look West
and, immediately within reach
we meet, we speak again in Venice
in memories that for me
face East.

RICORDO

Poiché le immagini
ne sono la carne
le gondole che abbiamo visto
screziate di luce e intinte nell'inchiostro
si levano, lanciano un riflesso e ripiombano giù –
la prospettiva talmente intensificata
da presentarsi al tatto –
poi tu ti giri, guardi a Ponente
e immediatamente a portata di mano
c'incontriamo e riparliamo di Venezia
in ricordi che per me
stanno a Levante.

MISTRESS I

You gratify me
in a new way: delicious

perhaps to understand
is to say:

my Father's firm hand
banned Christmas

and though my heart and mind
received love from him

in every other way
I was not indulged.

Not once, not ever
and now as your affections play

upon my unaccustomed pleasure –
courting with flowers,

gloves, a dress – they
arouse this recipient, missed

child I was
with gifts.

[74]

AMANTE I

Mi gratifichi
in modo nuovo: delizioso

forse per capire
bisogna dire:

la severa mano di mio padre
aveva bandito il Natale

e anche se mente e cuore
ricevevano da lui amore

in tutti gli altri modi
non ero vezzeggiata.

Neanche una volta, mai
e ora il tuo affetto gioca

sui miei insoliti piaceri –
corteggiandomi con fiori,

guanti, un vestito – che stimolano
questa recettrice, bambina

negletta dai doni
qual'ero.

[75]

Since Venice
lavish notions weigh

a plenitude of lust
upon a less reluctant mistress

appreciation, feeling, trust
manifest of apt presents

on occasions, wrapt
with love.

Da Venezia
idee generose zavorrano

una pienezza di passione
su un'amante meno ritrosa

apprezzamento, emozione, fiducia
manifesti di doni adatti

alle occasioni, avvolta
dall'amore.

MISTRESS II

Let me tell you
what the roses meant
besides the wry amusement
of the messenger, his wink
my cousin's blush
thinking she would not have a vase
large enough:

each was a lamp
lit for love
as strong a red on sight
as blood –
over all Siena
this ancient town
this monument of splendour
candour's tender
bloom from bud;

you're right
we'll need all day
all night.

AMANTE II

Lascia che ti dica
cosa han voluto dire quelle rose
oltre al beffardo spasso
del fattorino, il suo ammiccare,
il rossore di mia cugina
al pensiero di non avere un vaso
grande abbastanza da contenerle:

ogni rosa era una lampada
accesa per amore
un rosso altrettanto forte alla vista
quanto il sangue ...
su tutta Siena
questa antica città,
questo monumento allo splendore,
si spande il tenero candore
che s'emana dal bocciolo:

hai ragione:
avremo bisogno di tutto il giorno,
tutta la notte.

MOUTH

Fresh
as a wound
not rid of its knife when we met
not in the room five minutes:
I'm a bastard, he said
and meant
injured.
        Though next brandished, swallowed
the scar he pursed to my ear next meeting
blew the cache of his malice, I narrowed:

in something cupped, quit: bearing up
as a target
as so often he must have known a woman
crimp.

BOCCA

Fresca
come una ferita
che non s'è ancora sbarazzata della lama
quando ci siamo incontrati dopo neanche
cinque minuti dal nostro ingresso nella stanza:
Sono un bastardo, disse
e intendeva dire
offeso.   Eppure, quando l'ha poi di nuovo brandita,
inghiottita
la cicatrice che con una smorfia accostò al mio
orecchio
quando ci siamo rincontrati,
rivelò l'ammasso del suo malanimo, io mi restrinsi:

in qualcosa di protetto, svincolato: resistente
come un bersaglio
come spesso deve essergli capitato di vedere una
donna
raggrinzirsi.

PLENTY

Now, months later
the taste of plums, peaches
the gum of red oranges
brings a brief flavour
of the shop in Siena
where, when both of us
lunched on its fruit
it struck you like Christmas
how best
with the last of your freedom unspent
to take plenty back
at once, fresh
and, for once, also
abundant.

ABBONDANZA

Ora, mesi dopo
il sapore delle prugne, delle pesche
la resina delle arance rosse
fa riaffiorare un breve aroma
della bottega senese
dove ci fermammo entrambi
a pranzare con la frutta
e tu fosti illuminato come Natale
che la cosa migliore da fare
era con l'ultima libertà che ti era rimasta
riportarne tanta a casa,
subito, fresca com'era
e, una volta tanto, così
abbondante.

SILENCE

Silence!
No reply
Nor Greeting
Wish
Even sighs
Are finished

And search
And flow, words
Once, embodied, heard
Diminished

So cries
Become
Done with vibrance
Now we're dumb

As fields, once lush
Are drained
Are dry
Divide
No future yield
Between us.

[84]

SILENZIO

Silenzio!
Né una risposta
né un saluto
o un augurio
perfino i sospiri
sono esauriti

e la ricerca
e il flusso, le parole
un tempo incarnate, udite
vanno sparendo

così le grida
sono disfatte
dalle vibrazioni
ora che siamo muti

come campi, un tempo rigogliosi,
che sono drenati
sono disseccati
nessun raccolto
divideremo
tra noi.

THE WRITER IN TIMES OF EVIL

If I say little
it is because I know little;
if I say much
it is because I feel much;
if I speak
it is because I am as little
or as much part of good and evil
as everyone.

A writer must seek truth
            live truth
            speak truth
            for the sake of truth
            in the midst of things
            even if one is foreign
            even if one must speak
            without politeness
            or deference
            to ethos, politics, commerce
one speaks
            for the one
            who is each one
            not party, not religion, not nation
            but person
because:
            Only the truth
            Of one's only life
            Ever gives truth
            To anything else.

SCRIVERE IN UN'EPOCA MALVAGIA

Se dico poco
è perché ne so poco;
se dico molto
è perché soffro molto;
se parlo
è perché faccio tanto
o poco parte del bene e del male
come chiunque..

Chi scrive deve cercare la verità
                    vivere la verità
                    dire la verità
                    per amore della verità
                    nel bel mezzo delle cose
                    anche se si è stranieri
                    anche se si deve parlare
                    senza scrupoli
                    né deferenza
                    per la morale, la politica, il mercato
si parla
                    per l'individuo
                    che siamo tutti
                    non partito, chiesa o nazione
                    solo persone
perché:
                    soltanto la verità
                    della nostra unica vita
                    attribuisce verità
                    a tutto il resto.

we make our own truth

And the truth is: evil:

And the truth is:
                    Politicians thrive
                    Empowered by a consensus
                    Of the evil we provide
                    And their ignoble success is us
                    And this world we despise.

the evil men do lives after them
the good is oft interred with their bones

But the truth is also: goodness

But for this
no consensus exists
only a wish for it
repeated questions of conscience
and each human response:
                    love: individual: fragile
                    love: individual: brief
                    love: individual: day by day
such relief
as children keep alive
and the belief
that through us truth speaks
and, however forbidden
survives:

[88]

creiamo la nostra propria verità

E la verità è: il male:

E la verità è:
                    i politici prosperano
                    resi potenti dal consenso
                    del male che gli forniamo
                    e il loro ignobile successo siamo noi
                    e questo mondo che disprezziamo.

il male che gli uomini fanno gli sopravvive
il bene spesso vien sepolto con le loro ossa

Ma la verità è anche: il bene

solo che per questo
non esiste consenso
soltanto un desiderio
ripetuti problemi di coscienza
e ogni risposta umana:
                    l'amore: individuale: fragile
                    l'amore: individuale: breve
                    l'amore: individuale: giorno per
giorno
un sollievo come quello
tenuto in vita dai bambini
e la convinzione
che è attraverso di noi che la verità parla
e, per quanto proibita,
sopravvive:

Wholly
In wholesome lives
Greater than the sum of parts
And, though elusive, fleeting
Also, true, renewable
And greater, surely greater
Than evil.

Belgrade Writers' Conference
Belgrade, October 1993

Intatta
nelle anime intatte
più grande della somma delle parti
e, per quanto elusiva, effimera
anche sincera, rinnovabile
e più grande, certo più grande
del male.

Conferenza degli scrittori di Belgrado
Ottobre 1993

HIS GARDEN
for Riccardo Duranti

Sweet implosions of flesh
from ripe figs and plums
rife in the garden
reach a flamboyant taste
deep in haven of appetite

rapacious even
as cats, dogs, lively children
named in the ardent Eden
of your poems

tantalize my sense of home
it being accomplished in you
husband to
a simple holding
outside Rome.

Holding to
an eternal wish
to eclipse vanity
with fecund anniversary of vines:
flower and wine –

ancient proof of seed and root
being divine – sure, yes, yet more sure –
in print and in the garden mind
of other poets and philosophers.

IL SUO GIARDINO
a Riccardo Duranti

Dolci implosioni di polpa
di fichi maturi e prugne
abbondanti nel giardino
apportano un sapore fiammeggiante
nel profondo porto dell'appetito

rapace perfino
come i gatti, i cani e i figli vivaci
nominati nell'Eden ardente
delle tue poesie

tantalizzano il mio senso di casa
che è compiuto in te
sposato a
una piccola fattoria
appena fuori Roma.

Fedele a un voto eterno
d'eclissare la vanità
con fecondi anniversari di viti:
fiori e vino –

la vecchia prova del seme e della radice
è una prova divina – certa, eppure più certa –
stampata e nella mente-giardino
degli altri poeti e dei filosofi.

TEMPTATION

If you purse your lips
and gently blow
from a burst of breath
comes a colour show

An escalade
of little globes that glow –
these you shouldn't touch
at once you know –

But the worst is done:
you must: they go.

TENTAZIONE

Se gonfi le labbra
e soffi piano piano
dal soffio nasce
uno spettacolo strano

una colorata scalata
di bolle luminose –
non dovresti toccarle
subito, lo sai –

ma il peggio è già successo:
devi farlo: sparite, ormai.

WALES

I might never have come;

roads
run the other way, drain
from here.

What can I say

    of a hill
    its top slice worn away
    that's essential

    of caraway's seed in a loaf
    that's also a spice
    among other things

    about men
    living
    totems in place

who sing out, poems in Welsh, rousing the harp?

LII

Jessica d'Este

IMPRESS

MONTECASSINO - febbraio 1950 - Il ricostruttore della Badia ILDEFONSO REA
con i fonditori MARINELLI, che consegnano il campanone di San Benedetto

Jessica d'Este (nata Amelia
Linda Marinelli)

Queste preghiere riflettono
la stessa speranza e
prosperità che innalzarono
la campana di S. Benedetto.
AD 1950, per il Monastero
di Monte Cassino.

These fifty-two prayers
where commissioned
for a religious imprint
and published weekly from
October 2009,
here reprinted
with kind permission.

I Prayer
             gives
  As it receives
  Echo of an inner world
  A reveille, heard, retold
  And answered
  In valleys of the soul.

II Prayer
             defies
  Whingeing
  Giving rise
  To breadth of being
  Giving wings.

III Prayer
             modulates
  Breath – true to being
  As natural in voice
  As singing.

IV Prayer
             flows
  In the direction of light
  In a maze of the soul
  A loveliness of being
  Opening like Spring.

I La preghiera
        dà
quando riceve
l'eco d'un mondo interiore
uno squillo, udito, riferito
e risposto
nelle valli dell'anima.

II La preghiera
        sfida
lagnosità
facendo emergere
larghezza d'essere
fornendo ali.

III La preghiera
        modula
il respiro – fedele all'essere
naturale nella voce
come il canto.

IV La preghiera
        fluisce
verso la luce
nel dedalo dell'anima
una bellezza d'essere
che sboccia a primavera.

v Prayer
        emits
From an inner silence
Complicit speech
By prompt
Of spirit.

vi Prayer
        endeavours
Keeping pace
With grace.

vii Prayer
        enriches
The gift
Of a silent
Moment.

viii Prayer
        listens
To the fluent diction
Of an inner voice
Raised in contrition
Praise
Benediction.

v La preghiera
    emette
dal silenzio interiore
discorsi complici
suggeriti
dallo spirito.

vi La preghiera
    si sforza
di stare al passo
con la grazia.

vii La preghiera
    arricchisce
il dono
di un momento
silenzioso.

viii La preghiera
    ascolta
la fluente dizione
di una voce interiore
che si leva in contrizione
lode
benedizione.

IX Prayer
          wields
     Silent accord
     Of spirit – mightier
     Than the sword.

X Prayer
          puts aside
     Enterprise
     Of lies.

XI Prayer
          stresses
     Alliance –
     In depth
     Of resonance
     With silence.

XII Prayer
          unfurls
     Confusion
     Turmoil
     Of dreams.

IX La preghiera
        brandisce
la silenziosa armonia
dello spirito – più potente
della spada.

X La preghiera
        spazza via
imprese
menzognere.

XI La preghiera
        esalta
l'alleanza –
in fondo
alla risonanza
del silenzio.

XII La preghiera
        dispiega
la confusione
e i tumulti
dei sogni.

XIII Prayer
            rumbles
Despair –
In terrible journeys
Of loneliness, fear
Clears passage
Of love.

XIV Prayer
            speaks
A dialect
Of spirit.

XV Prayer
            accepts
Approach – encroach
Of death.

XVI Prayer
            empowers
Hours
Of silence.

XIII La preghiera
scompiglia
la disperazione –
nei terribili viaggi
della solitudine, della paura
apre passaggi
d'amore.

XIV La preghiera
parla
un dialetto
dello spirito.

XV La preghiera
accetta
l'avvicinarsi – invadente
della morte.

XVI La preghiera
dà forza
a ore
di silenzio.

XVII Prayer
           prefers
Silence – unbroken
By the spoken
Word.

XVIII Prayer
            reaches
Silent reserves
Of spirit.

XIX Prayer
          releases
Breath
From fear
Of death.

XX Prayer
          holds
In repose
Unquiet mind
Restless soul.

XVII La preghiera
          preferisce
un silenzio – ininterrotto
dalla parola
parlata.

XVIII La preghiera
          raggiunge
mute riserve
di spirito.

XIX La preghiera
          libera
il respiro
dai timori
della morte.

XX La preghiera
          tiene
in riposo
menti inquiete
anime agitate..

XXI Prayer
         allows
A silence, heard
Aloud.

XXII Prayer
         enables
Choice
Of inner harmony
Inner voice.

XXIII Prayer
         starts
By repeating rhythms
Of the heart.

XXIV Prayer
         equips
The will
To perfect
The soul.

XXI   La preghiera
concede
un silenzio, udito
a gran voce.

XXII   La preghiera
permette
la scelta
di armonia interiore
di voce interiore.

XXIII   La preghiera
inizia
ripetendo i ritmi
del cuore.

XXIV   La preghiera
attrezza
la volontà
a perfezionare
l'anima.

xxv Prayer
          Takes
The thoughtful soul
Aloft

xxvi Prayer
             submits
To embrace
Of grace.

xxvii Prayer
              begins
Infinite
Imaginings.

xxviii Prayer
               settles
Injustice
With reprisals
Of love.

xxv La preghiera
    porta
in alto
l'anima meditabonda.

xxvi La preghiera
    si sottopone
all'abbraccio
della grazia.

xxvii La preghiera
    inizia
infinite
fantasie.

xxviii La preghiera
    compone
le ingiustizie
con rappresaglie
amorose.

xxix Prayer
      believes
In reprieve.

xxx Prayer
      initiates
Relief.
Of grief.

xxxi Prayer
      resonates
The relevance
Of grace.

xxxii Prayer
      attends
The coming
Of wisdom.

xxix La preghiera
crede
nel perdono.

xxx La preghiera
dà inizio
al sollievo.
della pena.

xxxi La preghiera
riverbera
l'importanza
della grazia.

xxxii La preghiera
attende
l'avvento
della saggezza.

XXXIII Prayer
        ennobles
The suffering
Soul.

XXXIV Prayer
        defines
Questions
Asked of time.

XXXV Prayer
        outwits
Conflict.

XXXVI Prayer
        unholds
Confusion's grip
Upon the soul.

XXXIII La preghiera
              nobilita
       l'anima
       che soffre.

XXXIV La preghiera
              definisce
       le domande
       rivolte al tempo.

XXXV La preghiera
              è più furba
       del conflitto.

XXXVI La preghiera
              scioglie
       la morsa della confusione
       sull'anima.

xxxvii Prayer
conquers
Fear
In pursuit
Of truth.

xxxviii Prayer
befriends
Imagination.

xxxix Prayer
replaces
Artifice – content
With grace.

xl Prayer
resists
Bad habits.

XXXVII La preghiera
sconfigge
la paura
di cercare
la verità.

XXXVIII La preghiera
fa amicizia
con l'immaginazione.

XXXIX La preghiera
rimpiazza
l'artificio – accontentandosi
della grazia.

XL La preghiera
resiste
alle cattive abitudini.

XLI Prayer
　　　　awaits
The halt
Of fault
With patience.

XLII Prayer
　　　　repairs
Despair.

XLIII Prayer
　　　　grows
The power of grace
To deflate
The ego.

XLIV Prayer
　　　　creates
A precedent
Of enlightenment.

XLI La preghiera
aspetta
il blocco
della colpa
con pazienza.

XLII La preghiera
ripara
chi dispera.

XLIII La preghiera
accresce
il potere della grazia
di sgonfiare
l'io.

XLIV La preghiera
crea
un precedente
all'illuminazione.

XLV Prayer
            returns
Delight
To the blighted
Spirit.

XLVI Prayer
            places
Peace
Within reach
Of the soul.

XLVII Prayer
            quells
The babble
Of evil.

XLVIII Prayer
            sustains
Acceptance
Of life
Remission
Of blame.

XLV La preghiera
             restituisce
piacere
allo spirito
afflitto.

XLVI La preghiera
            pone
la pace
alla portata
dell'anima.

XLVII La preghiera
            smorza
la babele
del male.

XLVIII La preghiera
           sostiene
l'accettazione
della remissione
dalle colpe
della vita.

XLIX Prayer
               rivals
          The marvel
          Of travel.

L Prayer
             hovers
        Above a life
        Lifted from hatred
        Discovering love.

LI Prayer
            lightens
        The weight
        Of past
        Mistakes.

LII Prayer
           lends
        Unending
        Courage.

XLIX La preghiera
                rivaleggia
         con le meraviglie
         del viaggio.

   L La preghiera
               si libra
         sopra la vita
         sollevata dall'odio
         dalla scoperta dell'amore.

  LI La preghiera
               alleggerisce
         l'onere
         degli errori
         del passato.

 LII La preghiera
               fornisce
         infinito
         coraggio.

*Versione italiana di Riccardo
Duranti.*

Riccardo Duranti insegna
Letteratura inglese e
Traduzione presso la Facoltà
di Scienze Umanistiche
dell'Università 'La Sapienza'
di Roma.

Ha tradotto in italiano molti
romanzieri (Olive Schreiner,
Nathanael West, Roald
Dahl, Richard Brautigan,
Ted Hughes, John Berger
e l'opera completa di
Raymond Carver), poeti
(Robert Bly, Tess Gallagher,
Michael Hamburger, Seamus
Heaney, Elizabeth Bishop)
e drammaturghi (Edward
Bond, Tom Stoppard,
Caryl Churchill, Tennessee
Williams, Sam Shepard,
Martin Crimp). Per la sua
attività di traduttore, nel 1996
gli è stato assegnato un premio
nazionale del Ministero dei
Beni Culturali.

GALLES

Potrei non essere mai venuta:

le strade
vanno dall'altra parte, scorrono via
da qui.

Cosa posso dire

  d'una collina
  mozzata d'una fetta di cima
  essenziale

  dei semi di cumino nel pane
  che è anche una spezia
  tra le altre cose

  di uomini
  che vivono
  come totem piantati

che cantano ad alta voce poesie in gallese, stuzzicando
l'arpa?

[97]

EPILOGUE

Oh Life!
Exciting, strange
Think the same
Of Death.

EPILOGO

O vita!
Emozionante, strana
Lo stesso dicasi
della morte.

LA MUSICA DEL SENSO

SIENA STEPS

Am I alone struck
By what I've seen in black and white
In patches of light and pitted shade –
Travertine made scriptural

   riddled
As with bits of text
Scribbled in footfalls of blessing and trespass
Step by step, near being written
Giving in and giving resistance, living
   – fault, rift, blemish –
   the human condition

   and stressed
As with hidden prescience
From inside the earth's crust
Hieroglyphic extracts risen from rock
Decipherable scuffed, surfacing
   – chip, crack, rut –
   witness given strength's rout of weakness

Its own:
Legible stone

   so etched
As with time passing
Grit-grained grey turning jet
In effect of script
Imperceptibly mutable
   – rune, writ, rubric –
   intensely beautiful

GRADINI SENESI

Sono forse la sola a esser colpita
da quello che ho visto nero su bianco
in chiazze di luce e ombra punteggiata –
sul travertino reso scritturale

traforato
come da frammenti di testo
scarabocchiati da orme benedette o malefatte
gradino dopo gradino, quasi trascritto
nel cedere o nel resistere, vivo
– fallo, spacco, difetto –
la condizione umana

accento inciso
come da occulto presentimento
dall'interno della crosta terrestre
estratti geroglifici risorti dalla pietra
decifrabili consunti, affiorante
– scheggia, crepa, solco –
testimonianza resa alla debolezza disfatta dalla forza

diventa
pietra leggibile

incisa così
come dal passar del tempo
grigio sgranato tendente al nero giaietto
nell'effetto scrittura
impercettibilmente mutabile
– runa, ingiunzione, rubrica –
intensamente godibile

reflects
As with solemn tread, pageant funeral
Intrepid flesh, imperishable spirit
Robust edit of mirth of grief of fuck, infertile –
Biblical stuff
    – crit, chit, crib –
    language depicted, crease and dimple –

(Risible, unthinking of soul, old
Without wrinkle) – simply having lived
Having shuffled, having kicked, tomes
Come pictured:
Indelible stone.

riflette
come un passo solenne, da corteo funebre
la carne intrepida, lo spirito imperituro
il robusto editto della gioia del dolore dell'estro,
infertile –
roba da Bibbia
  – riscontro, scontrino, contraffazione –
linguaggio illustrato, piega e fossetta –

(ridicolo, da anima incosciente, vecchia
priva di rughe) solo per aver vissuto
essersi mossa, aver scalciato, i volumi
vengono illustrati:
pietra indelebile.

KATHAK

The spirit of the music from the story comes.
The rhythm of the body and the story, one.
In the telling of the story, the tale becomes –
Pipe – dance, bell – dance, dancer, drum.

KATHAK

Lo spirito della musica dalla storia procede.
Il ritmo del corpo e della storia è uno, sicuro.
È nel raccontarla che la storia succede –
Flauto – danza, sonaglio – danza, danzatore,
tamburo.

THE HOWARD VARIATIONS

[IV]
[VI]
[VIII]
[IX]
[X]
[XI]
[XII]

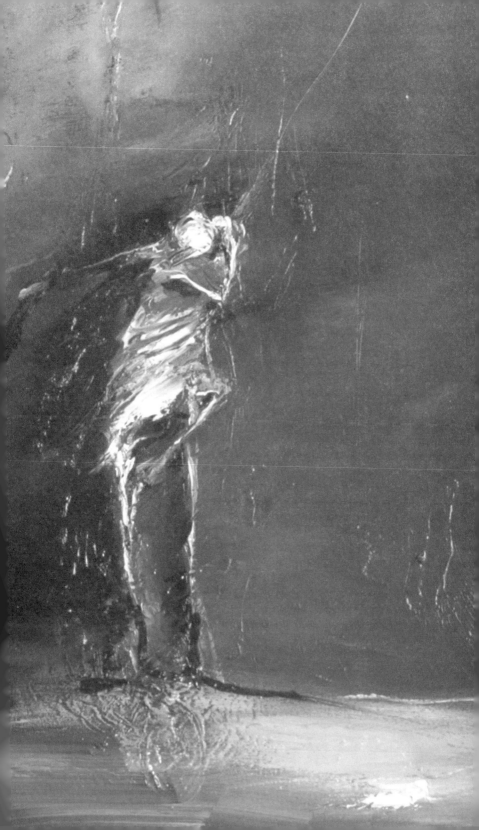

[iv]

... as we have known shadows
From that less explicable
There being less shown

As when in prologue, touched
By the tip of your tongue's latch, lifting
Entering lips, – limbs, finger tips, eyes
And as grip in slow motion, thighs

Become explicit
Feverish even
Making a thirst
Also of spirit

Be it there's quench
In hidden savour, a kiss
Tasting of eloquence.

... come abbiamo riconosciuto le ombre
da quello che è meno spiegabile
perché ancor meno se ne mostra

Come nel prologo, toccate
dalla punta della lingua-chiavistello, che solleva
e penetra labbra, – le membra, la punta delle dita, gli
occhi
e come prese al rallentatore, le cosce

si fanno esplicite, addirittura febbrili
rendendo sete
anche lo spirito

Ci sia ristoro
nel gusto nascosto, un bacio
che sa d'eloquenza.

[vi]

... hence meant not to be alone
Accustoms one to someone
Known in spirit as in spirit, flesh
Turns to pleasure another's nakedness

Begins and plenishes sight and scent
And heightened with transcendence, speech

Which condiment to touch be breathless
So all sensation, yes! unanimous in dissolving will

Would it were for us so simple:
As from fractious parliament, scrum of appetite

To become one body, enticed
To delight in rites of self-governance
As one, invited to behold entitlement:
Corpus, intellect, soul.

[VI]

… quindi non fatta per star soli
Ci si abitua a qualcuno
conosciuto nello spirito come nello spirito la carne
si volge a compiacere la nudità altrui

inizia e riempie vista e odorato
accentuati dalla trascendenza, la parola
che è condimento al tatto lui senza fiato
per cui ogni sensazione, sì! è unanime nella
dissoluzione della volontà

magari fosse così semplice anche per noi:
come in un parlamento rissoso, nella mischia
dell'appetito

divenire un corpo solo, stimolato
a deliziarsi in riti d'autogoverno
unitari, invitato a rispettare diritti:
corpo, intelletto, anima.

[VIII]

… so seems a brightening:
Whatever it brings
It changes everything;

From a sliver, a moon
From a speck, a star
Drawn out of night
Like a poem dawns
Insight born of mind
In bone forms.

A lingering: sufficing self
Until as does –
Each crevice, pore
Struck by another's lightning –
Love more.

[VIII]

... così pare risplendere:
qualsiasi cosa apporti
cambia tutto;

da una scheggia, la luna
da un granello, una stella
tratta fuori dalla notte
come una poesia all'alba
intuizione nata dalla mente
in forme ossee.

Un indugio: che basta all'io
finché dura –
ogni fessura, ogni poro
colpito dal fulmine d'un altro –
ama di più.

[1x]

… once parts made tremulous
In part by speech
Reach sublimity, ascent
Is by each whisper
Prod to more tender passage;
Inroads to God
By more intravenous art
More wit of utterance
To fit
     a dreamed encumbrance, satisfied
By once, redundant ties, retied
By flesh, retouched to full colour –
Tones, warm enough
To soften stone.

[IX]

... una volta che le parti rese tremule
in parte dalle parole
raggiungono il sublime, l'ascesa
è da ogni sussurro
stimolata a un passaggio ancor più tenero;
sortite verso Dio
mediante un'arte più intravenosa
un'espressione più ingegnosa
per adeguarsi
    a un impaccio sognato, soddisfatti
da legami una volta ridondanti, rilegati
dalla carne, ritoccati tutti a colori –
toni, abbastanza caldi
da ammorbidire pietre.

[x]

… as does imagining, love stays
A seeing evermore of light
More radiant, intense than sun
To penetrate and deepen
The soul's repair

As does forbear
Contention, flagging, dread
Swear instead
For consorted pairs, becalmed
In their aftermath entwine
Banality's exchange for something more;
A vow of love, enacted
Is nothing as before
There's change.

[x]

... come una fantasia, l'amore resta
una visione di luce sempre crescente
più radiosa e intensa del sole
per penetrare e approfondire
la cura dell'anima

come pure fa la tolleranza
contese, rallentamenti, timori
insulti invece
per coppie conserte, s'acquetano
e poi s'intrecciano
lo scambio di banalità per qualcosa di più:
una promessa d'amore, messa in atto
nulla è più come prima,
c'è un cambiamento.

[XI]

… as when there's truth
Falsity fails – deceit
Distrust, evasion –
Scales fall from the eyes
As birds fly, there's lift
Immediate, immense, infinite

And oxygen's increase
To all parts, intimate
With surfeit health, surge of spirit
Inflames, engulfs complicit flesh
Permits it peak
Love's breach of lies
In soft and brazen implement
Of speech.

[xi]

... così come quando c'è la verità
fallisce il falso – l'inganno
la sfiducia, l'evasione –
le bende cadono dagli occhi
come volo d'uccelli c'è un'impennata
immediata, immensa, infinita

e un maggiore apporto d'ossigeno
a tutte le parti, intime
di rigogliosa salute, il picco dello spirito
infiamma e ingorga la carne complice
la fa culminare
l'amore fa breccia nelle menzogne
in delicato e sfacciato compimento
di parole.

[XII]

… pray we rest in peace, replenished
Each day upon waking
Daily, accomplished in love
Before life's extinguished
And we die

Satisfied to have been held
Ever in trust
You and I, refreshed
Until as must
This, also, will have perished:
Prone, resurgent
As at life's last moment of breath –
Not unlike met enlightenment
Hoisted, mornings, on your rising flesh.

[XII]

… preghiamo di riposare in pace, risatolli
al risveglio ogni giorno
ogni giorno, esperti in amore
prima che la vita si spenga
e moriamo

soddisfatti per aver sempre
avuto fiducia l'uno per l'altra
tu e io, rinnovata
finché, com'è inevitabile,
anche questa sarà perita:
proni e risorgenti
come all'ultimo istante di respiro della vita –
non diverso dall'illuminazione che veniva
issata, la mattina, sulla tua carne che s'alzava.

BELL_issim@

We are here in prayer
To prepare for the next one thousand years
Amend practice of adversity
Defend in spirit diverse humanity
Conquer fear.

This is pilgrimage
From a heritage of useful work
The past is root to the future's worth.
All of us are of sequential birth
In this take part.

We know it well
As herald to the world, universal
The bell is part of speech
To warn, rejoice, communicate, compel
To reach the heart.

BELL_issim@

Qui riuniti preghiamo
per prepararci al prossimo millennio
perfezionare la nostra resistenza alle avversità
difendere lo spirito umano nella sua diversità
sconfiggere la paura.

È un pellegrinaggio
che viene dal retaggio d'un utile lavoro
affonda nel passato la radice del valore che verrà.
Tutte le nostre nascite sequenziali
di questo fanno parte.

Lo conosciamo bene
questo universale araldo per il mondo
la campana fa parte del discorso
che ammonisce, rallegra, comunica e costringe
ad andare in fondo al cuore.

[125]

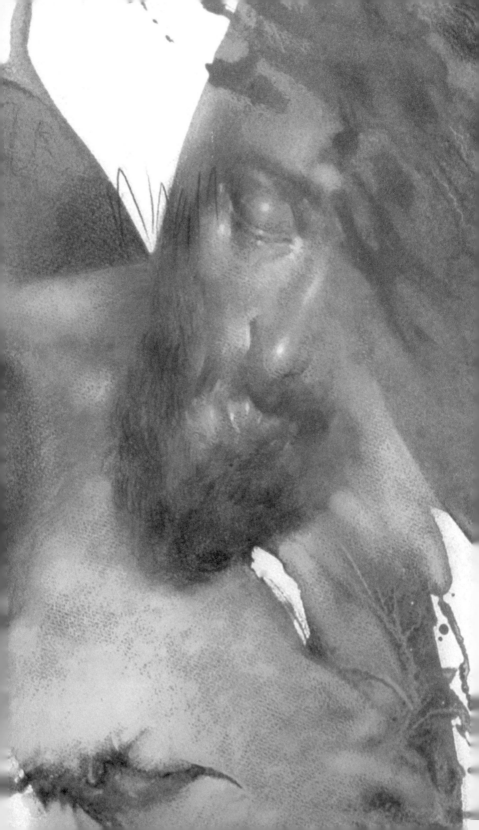

VIA CRUCIS

I
Jesus is condemned to death

Ever so politic to obfuscate truth

With lawful persuasion
Make a tactical coining

Of precedent fear
Obsequious fawning

II
Jesus is made to carry the cross

Not different, the weight
We create for ourselves

Heavy with lies

Concentric in season
Thicken, divide.

I

Gesù è condannato a morte

Quanto mai politico offuscare la verità

con persuasione legale
coniare tatticamente qualcosa

da un precedente timore
corteggiare con ossequio

II

Gesù è caricato della Croce

Non diverso il fardello
che ci creiamo

carico di bugie

concentriche, stagione dopo stagione
s'addensano, dividono.

III
Jesus falls the first time

And will again

So beginning
A human end

Being heir to failure
Loss, pain, suffering.

IV
Jesus meets his mother

Her love being source
His way of the cross

A loving endeavour
Her example, endorsed

There being no other.

III
Gesù cade per la prima volta

E lo farà di nuovo

dando così inizio
a una fine umana

erede di un fallimento
di perdita, dolore, sofferenza.

IV
Gesù incontra sua Madre

L'amore di lei è la sorgente
la sua via crucis

un'impresa d'amore
la conferma dell'esempio ricevuto da lei

perché non ce n'è altro.

V

Simon of Cyrene helps carry the cross

Injustice weighs less
With one's assist to another

Suffering makes brothers

Insists on a duty
Of relevant love.

VI

Veronica wipes the face of Jesus

Where wiped on a veil
Witness relief

Compassion is great
Its significance, real

Enduring: belief

V
Gesù è aiutato dal Cireneo a portare la Croce

L'ingiustizia pesa di meno
con l'aiuto di qualcuno

la sofferenza affratella

insiste sul dovere
di un amore importante.

VI
La Veronica asciuga il volto di Gesù

Laddove asciugato sul velo
testimonia sollievo

la compassione è grande
il suo significato, vero

persistente: fede

VII
Jesus falls a second time

Again, a fall
Time to recall
Injury when
Without and within
Lies offend love

VIII
Christ speaks to the daughters of Jerusalem

Where will it end
Unless we begin
    – blessed with God's children
Giving with bread
Nurture of love.

VII
Gesù cade per la seconda volta

Di nuovo, una caduta
un'occasione per ricordare
una ferita quando
dentro e fuori
le bugie offendono l'amore

VIII
Gesù incontra le donne di Gerusalemme

Dove finirà
se non cominciamo
    – benedette dai figli di Dio
a dare insieme al pane
nutrimento d'amore?

IX
Jesus falls a third time

Felled
And again felled

The world's evil, a well
A deepening peril

Buoyant, only, is love.

X
Christ is stripped of his garments

Its more shameful effect
Than humiliates him:

Inner redress

Without forgiveness
More ruthless

IX
Gesù cade per la terza volta

Abbattuto
e di nuovo abbattuto

il male del mondo, un pozzo
un pericolo sempre più profondo

a galleggiare, da solo, è l'amore.

X
Gesù è spogliato delle vesti

Il suo effetto più vergognoso
di quanto non lo umili:

il risarcimento interiore

senza perdono
è più spietato

XI
Jesus is nailed to the cross

With swagger and orgy
Hammering nails

Verge on a clamour

Purulence and prurience prevail

And the glamour

XII
Jesus gives up the spirit

A spent spirit dims:
'Father forgive them.'

A rent earth opens heaven

A last breath is drawn in

A last hurt being human

[138]

XI
Gesù è inchiodato sulla Croce

Con orgia di tracotanza
i chiodi martellati

sfiorano il clamore

purulenza e prurito prevalgono

e lo spettacolo

XII
Gesù muore sulla Croce

Uno spirito spento s'attenua :
'Padre perdona loro.'

Una terra squarciata apre il cielo

un ultimo respiro inghiottito

un ultimo dolore per essere umano

[139]

XIII
Jesus is taken down from the cross

Finally, tenderness
The finish of death

Acquits flesh its arousal

A gift, given rabble

Rid of its trouble

XIV
Jesus is laid in the tomb

It ends, so begins again
Intimation of life after death

Ardour, ancient and long enlivens the earth

A singing and rebirth of singing
Its song

[140]

XIII
Gesù è deposto dalla Croce

Alla fine, la tenerezza
la rifinitura della morte

assolve la carne dalla sua eccitazione

un dono, fatto alla marmaglia

sbarazzata del suo travaglio

XIV
Gesù è deposto nel Sepolcro

Finisce, così ricomincia
segnale di vita dopo la morte

l'ardore, antico e prolungato, ravviva la terra

un canto e la rinascita del canto
il suo canto

ANARCHY

All of us good
Makes all of us free
Sanctity is sanity

A deliberate choice
To embrace, pursue truth
A move not a creed
As achieves grace
And gives
Love

ANARCHIA

Essere tutti buoni
ci rende tutti liberi
santi e savi

una scelta deliberata
di abbracciare e seguire la verità
una mossa non un credo
che risulta in grazia
e dona
amore

AS PRECISELY

… as precisely
a mark upon paper
engrossing the silence
of things
with ink and a brush
of uncovering
deleting the tip of its wing.

[144]

CON LA STESSA PRECISIONE

… con la stessa precisione
un segno sulla carta
dà fascino e spessore al silenzio
delle cose
con l'inchiostro e un pennello
di scoperta
cancella la punta della sua ala

GALLERY

In the gallery
colour's amplified;
you are
deliberately gentle;
I see
a different blue

and Turner, alive
in paint you point to:

I want you
entirely, like this:
in part, fire

desiring light
like Turner's
love
took his life.

GALLERIA

Nella galleria
il colore s'amplifica;
ti sforzi
d'essere delicato;
vedo un azzurro diverso

e Turner, vivo
in un dipinto che mi indichi

Ti voglio
interamente così:
in parte fuoco

che desidera la luce
come quella di Turner
l'amore
gli tolse la vita.

FOR A POET

I see what you see.
If it be true
Before I knew the world:
Knew you;

And question comes –
As in all we are mortal –
Where ends the skin
Where begins the soul

And when it happens: being old?

[148]

A UN POETA

Vedo quel che vedi.
Se fosse vero
prima di conoscere il mondo
conoscevo te;

e sorge la domanda –
come in tutto siamo mortali –
dove finisce la pelle
dove comincia l'anima

e quand'è che succede l'esser vecchi?

[149]

LETTER

From the silence
Of this page
Blank all day 'til now
Comes a glistening
As if after rain
That I can hear

By listening
From within its whiteness
Invisible writings reappear
And fulsome, strange
Wonderfully so, reveal
All I know but can't recall
All I cannot know
But feel

LETTERA

Dal silenzio
di questa pagina
tutto il giorno finora bianca
arriva un luccichio
come dopo una pioggia
che sento

se ascolto
dall'interno di questo biancore
riappaiono scritti invisibili
ed esuberanti, strani
meravigliosamente strani, a rivelare
tutto quello che so ma non rammento
tutto quello che non posso sapere
solo sentire

MAN WITH A FISH

Come from the sea
Bringing the sea.
Take what it gives ye.

Captor and creature
Being in thee.

UOMO CON PESCE

Vieni dal mare
a portare il mare.
Porta quello che ti dà.

Chi cattura e la creatura
sono entrambi in te.

LIKE THE OLIVE

As branches flower
So are heard

From the same fruit as from nature:
The power of words.

COME L'ULIVO

Quando i rami fioriscono
si sentono pure.

Dal frutto come dalla natura :
la potenza delle parole.

IN TAORMINA

I've seen a sky
As seamlessly met the sea
At dawn
Split at sunset into streams of blood
In this a flow and flood of feeling
A clarity of soul
That seeming his
Paternal will – being truthful
Instructs me still
To behold further meaning

To see change, vital
To survival, bold
And beautiful in nature
And in love
Rival the shock, the extremes
Of hurt, of loveliness
The undreamed experience – breadth
Being alive

As happened, birth
As coming, death.

IN TAORMINA

Ho visto un cielo
che all'alba
inconsutile si fondeva col mare
al tramonto spaccarsi in strisce di sangue
e in questo tali flussi e fiotti di emozioni
tale lucidità dell'anima
che pare la
volontà paterna – d'esser veritiero
che ancora mi ammaestra
a mirare il senso ulteriore

vedere il cambiamento, vitale
alla sopravvivenza, audace
e bellissimo in natura
e in amore
rivaleggiare con i colpi, gli estremi
del male e della bellezza
l'esperienza mai sognata – l'ampiezza
dell'essere vivi

come passato, la nascita
come futuro, la morte.

AT HOME

Night brings reprieve.
As revels and reprisals dim
An inner deepening like breathing
From within the peaceful sleep of children
Both anchors and gives freedom
Such having them and selfdom
Was a life
                    Now welcome guests
Child-fest young again
Daily doing trek discovering London
Come led by happy weariness
To bed
                    And the silent night ahead is mine
Its sibling silence
That recusant world apart
Where once before
Life's pact with art
Made muse of sleep
In joy of trumpeting
The dark.

A CASA

La notte porta una tregua.
Man mano che s'attenuano feste e festeggiamenti
un approfondimento interiore come il respiro
dal tranquillo sonno dei piccoli
provvede allo stesso tempo ancoraggio e liberazione
come avere loro e se stessi
era la vita
      ora ospiti benvenuti
festeggiano bambini di nuovo giovani
viaggi quotidiani alla scoperta di Londra
da una felice stanchezza vengono volentieri condotti
a letto
      e la notte silenziosa che segue è tutta mia
il suo silenzio affine
quel mondo appartato del rifiuto
dove già una volta
il patto tra arte e vita
fece del sonno una musa
che annunciava con squilli gioiosi
l'oscurità.

MURDER YOUR DARLINGS

O Muse, be kind
Befriend reflection
To reset in memorable lines
An unwinding universe
Curb its spin

And stem confusion
The contagious spill
Of gravity gone centrifugal
Which fearless reversal
Will fearsomely cull

Sister, kill dull rhymes in me.

UCCIDI I TUOI PREFERITI

O Musa, sii gentile
convinci il riflesso
a ricomporre in versi memorabili
un universo che si dipana
rallentane le vorticose menzogne

e tampona la confusione
lo spreco contagioso
della gravità ormai centrifuga
il cui impavido rovesciamento
opererà una paurosa selezione

Sorella, ammazza in me le rime ottuse.

TOUCH IS ALL

Lightly as leaves fall
Fingers tip the skin
With tenderest insinuation
Bring into relief
Nerve and tendon,encroach
More close than kisses
Earthworks, precious
                    In divining flesh
Exposed, outstretched
Both sculptor and sculpted
Felling in caress
Cove and covet, rich
In a wilderness
Of slow entanglement
As knows extremes
                    Yet, not so wilderness

So seems
A conscious element
Upon too charmed terrain
Pools engross of peace
Erumpent munificence of mind
Far off mean streets
And harm of money

As mountains are serene

IL TOCCO È TUTTO

Leggere come foglie che cadono
le dita sfiorano la pelle
con tenerissima insinuazione
mettono in rilievo
nervi e tendini, invadono
ben più dei baci
le fortificazioni, preziose
                    nel divinare la carne
esposta, distesa
sia lo scultore che chi viene scolpito
sentono nella carezza
baia e abbaglio, ricchi
in una landa deserta
di lenti intrichi
che conosce estremi
                    eppure, non troppo deserta

e quindi pare
un elemento consapevole
in un territorio troppo incantato
pozze gonfie di pace
mente munifica che erompe
lontano dalle strade malvagie
e dai danni del denaro

come sono sereni i monti

[163]

11.v.07

Children take
What children take
And with the force
Of nature's triumphs and mistakes
Become what they become.

Rebirth begun in nurture's wake
Once joy and sorrow are adult
With natural recourse awakes
Sensational reclaim of self
Mothering's escape.

With change of pace:
The grace to change
More pain and wonderment to come
Remember death is certain
Art's remit to make it happen.

What goodness comes makes goodness last
Whatever evil done put past.

11.v.07

I figli prendono
quel che prendono
e con la forza
dei trionfi e degli errori della natura
diventano quel che diventano.

La rinascita iniziata sulla scia del nutrimento
una volta che sia gioia che pena sono adulte
con risorse naturali risveglia
una sensazionale riconquista dell'io
scampo dal materno.

Con un cambio di ritmo:
la grazia di mutare
altro dolore e stupore a venire
ricorda che la morte è sicura
il compito dell'arte dilazionarne la venuta.

Quel bene che ne deriva fa durare il bene
il male che si fa messo alle spalle.

Riccardo Duranti teaches English Literature and
Translation at the Facoltà di Scienze Umanistiche
in Rome 'La Sapienza' University.

In 1982 he edited an anthology of American poets
of the Seventies: *Storie di Ordinaria Poesia*. He has
published several collections of his own poems: *Bivio
di voce* (1987), *Mompeo e Dintorni – 50 haiku* (1991),
The Archer's Paradox (1992), *L'Affettuosa Fantasia*
(1997) and *Made in Mompeo* (2007). With Anamaría
Crowe Serrano he has co-authored a novel on
Thomas Shelton, the first translator of *Don Quixote:
Behind the Tapestry*.

He has translated into Italian many novelists
(Olive Schreiner, Nathanael West, Roald Dahl,
Richard Brautigan, Ted Hughes, John Berger
and the Complete works of Raymond Carver), poets
(Robert Bly, Tess Gallagher, Michael Hamburger,
Seamus Heaney, Elizabeth Bishop) and playwrights
(Edward Bond, Tom Stoppard, Caryl Churchill,
Tennessee Williams, Sam Shepard, Martin Crimp).
For his translating work in 1996 he was awarded
a National Prize by the Ministero dei Beni
Culturali.

RICCARDO DURANTI

Riccardo Duranti insegna Letteratura inglese e
Traduzione presso la Facoltà di Scienze Umanistiche
dell'Università 'La Sapienza' di Roma.

Nel 1982 ha edito un'antologia di poeti americani
degli anni '70: *Storie di Ordinaria Poesia*. Ha
pubblicato diverse raccolte di sue poesie: *Bivio
di voce* (1987), *Mompeo e Dintorni – 50 haiku* (1991),
The Archer's Paradox (1992), *L'Affettuosa Fantasia*
(1997)and *Made in Mompeo* (2007). Con Anamaría
Crowe Serrano ha scritto un romanzo su Thomas
Shelton, il primo traduttore del *Don Chisciotte*:
Behind the Tapestry.

Ha tradotto in italiano molti romanzieri
(Olive Schreiner, Nathanael West, Roald Dahl,
Richard Brautigan, Ted Hughes, John Berger
e l'opera completa di Raymond Carver), poeti
(Robert Bly, Tess Gallagher, Michael Hamburger,
Seamus Heaney, Elizabeth Bishop) e drammaturghi
(Edward Bond, Tom Stoppard, Caryl Churchill,
Tennessee Williams, Sam Shepard, Martin Crimp).
Per la sua attività di traduttore, nel 1996 gli è stato
assegnato un premio nazionale del Ministero dei
Beni Culturali.